밖엔 비, 안엔 달

리토피아포에지 · 23
밖엔 비, 안엔 달

인쇄 2013. 4. 22 발행 2013. 4. 27
지은이 최향란 펴낸이 정기옥
펴낸곳 리토피아
출판등록 2006. 6. 15. 제2006-12호
주소 402-013 인천 남구 경인로 77
전화 032-883-5356 전송032-891-5356
홈페이지 www.litopia21.com 전자우편 litopia@hanmail.net

ISBN-978-89-6412-034-7 03810

값 10,000

최향란 시집

밖엔 비, 안엔 달

리토피아
LITERATURE & UTOPIA

시인의 말

봄날, 햇살 좋은 날에 홍매화 한 그루를 샀습니다.

고백하자면 오래전에도 매화 꽃잎 가득한 그 마을에서 홍매화를 샀었습니다. 뜨거운 불길과 거친 바람이 한꺼번에 왔던 여름, 나는 그 때의 홍매를 잃었습니다. 그 홍매화 앞에서 나는 오래 즐거웠고, 또 오래 슬퍼하며 차마 다른 홍매를 데려오지 못했습니다.

아픈 시간을 충분히 보내야만 놓친 것은 놓친 것이 아니고, 버린 것은 버린 것이 아님을 알게 되나봅니다. 일부러 찾지 않았던 그 마을, 올 봄에 다시 찾아가니 마을이 온통 매화향으로 술렁이고 있었지요. 그 마을은 그 때 이후로도 늘 봄꿈을 피웠겠지요. 내 마음에 다시 봄꽃 환했겠지요.

홍매화를 마당에 심으면서 익숙하지 않은 삶도 함께 뿌리 내리길, 내 시도 새롭게 뿌리 내리길, 문득 스스로 환해지는 시가 홍매로 주렁주렁 열리지 않을까 상상합니다.

어려운 길을 택한 아름다운 청년 C에게,—네 삶이 우주의 한 중심으로 거침없이 환해질 것을, 나는 그 단단한 발걸음에서 너의 내일을 본다

2013년 4월
최향란

차례

제1부 분홍꽃

제2부 뱀딸기 꽃숲에서

제3부 곰팡이꽃

제4부 가막만의 봄

| 제1부 |

분홍꽃

분홍꽃

어머니 무덤 뒤쪽으로 코스모스 꽃 피우느라 숨이 차다

언제 날아들었던 걸까

내 발길 뜸해진 걸 탓하지 않고 꽃 좋아하시던 어머니 스스로 분홍꽃으로 나섰다

하필 볕들지 않은 큰 나무 아래 뿌리 내리셨나

관심인 체 걱정인 체 자세히 바라보니 아무 일 없다는 듯 가늘게 흔들흔들 그리운 길 분홍꽃신 신고 가신다

별을 빛고 싶은 날

옛이야기에 나오는 거짓말쟁이 두꺼비처럼 나는 하늘에 희망의 별 박았노라 말하고 싶은 날 있다. 밤이 길고도 길어 한 숨도 자지 않은 나는, 잘 빚어 어디에도 감출 수 없는 그 빛 총총히 박은 그런 날에는, 가난한 가장의 생계형 자살이라는 건조한 신문 날아오는, 아픈 아침은 쉬 오지 않아도 괜찮다.

세상과 맞붙을 깡조차 없던 생이, 지친 눈물 리어카에 가득 싣고 비켜가는 하늘길. 그리운 사람들은 아주 먼 곳에서도 뜨거운 별빛 알아 바다 건너 산길 넘어 찾을 거니, 남은 생 생명의 별로 다시 태어나 하늘 노상에 당당한 리어카로 가리라.

나는 두근거리며 긴 사다리 오른다. 그리운 사람과 나 사이에 가을이 가고 겨울이 오면 낮 동안 세상에서 만났던 눈물은 잊을 거다. 하늘에서도 땅에서도 서리 깊은 겨울밤 내내 뜨거운 별을 빚었노라, 그렇게 상처 없이 따스했노라, 말하고 싶은 날 있다.

관문동 파꽃의 기억

어릴 적, 관문동 어느 골목의 시작은 파꽃 냄새로 기억됩니다. 번화가로 가는 지름길인 이 동네엔 지저분한 스치로플 상자에 키도 자라다 만 파들이 여름을 가두어 골목은 갑자기 더위를 마구 쏟아내었지요. 생계가 될 수 없는 궁상들이 하얗게 핀 그 길에 들어서면 다시는 계단 아래 번화가로 돌아갈 수 없을지도 모른다는 위태로운 상상이 이 곳과 저 곳을 갈라놓곤 했습니다.

쫓아오는 파꽃 냄새 피해 계단을 위태롭게 내려갔습니다. 나는 오랜 시간이 흐른 뒤에서야 파는 외떡잎식물인 백합과라는 걸 알게 되었지요. 비타민 칼슘 철분도 많아 위와 감기에 좋고, 생선의 독을 해독 시키고, 육류의 육질을 부드럽게 하고, 게다가 강장 채소라니. 내 몸에 쌓인 온갖 독을 내려줄 고마운 백합이 아니겠습니까.

하지만 그 가난한 동네는 여전히 가난하네요. 관문동 찌든 골목에 속이 텅텅 비어있는 줄기 사이로 흰 꽃이 실타래처럼 엮인 백합이 아닌 파꽃으로 피었습니다.

겨울보리수와 뱀

날 저문 미황사, 반쯤 썩은 물웅덩이에 겨울보리수와 뱀이 뿌리 걸치고 있다.

말라 죽어도 살아 있어 눈 감지 못하는, 달콤한 독 가득 품은 갈색 줄무늬 산무애뱀, 한 일주일쯤 보리수 아래 똬리 틀고 있으면 더 이상 깊은 골짜기로 숨어들지 않아도 된다는, 가지를 땅에 묻으면 그대로 뿌리 내리고, 버리면 틈새로 새 잎이 돋는, 본디 성스런 나무 가지 사이 제 살을 발라도 자꾸만 마비가 찾아오던 얼어붙은 꼬리 이제 그만 내려두어도 좋다는, 그 말이 스며든다.

눈보라 속에 붉은 열매 맺어 스스로 중심을 준비하는 저 나무, 참았던 수많은 은빛 꽃을 피우고 있다. 얼마나 먼 길 돌아 이제야 왔느냐고 향기로운 경전 등짝에 내리신다. 노곤한 슬픔과 절망이 절 마당 가로질러 그만 목이 메이는데, 머리를 허공으로 향하는 마비된 한 쪽 생이 눈 떠도 점점 보이지 않던 한 올 삶을 나무 사이로 말아 올린다.

수자 언니

울 엄마 살았을 적 언니 하나 낳아달라고 졸랐더랬지.
이미 남동생 있었으니 필요한 건 언니였지.
잘은 기억나지 않지만 마당가 석류꽃처럼 울 엄마 웃었지.
꽃무늬 치맛자락 붙잡고 안 돼? 엄마, 안 돼?
철없이 묻고 또 묻다가 잠들다 깨고 칭얼대다 깨곤 했지.

다 잊었다 했는데, 해지니네 국수집에서 심장 두근거리네.
죽은 울 엄마 붙들고 다시 국수 한 그릇 척하니 말아주는
언니 낳아 달라 떼쓰고 싶네.
남은 생 뜨거운 국수로 가슴 녹이며 살고 싶은,
욕심이 사발 속 김 서리듯 눈가에 술술 서리고 있네.

문 앞에서 양 팔 떡하니 벌려 가로막고
해지니네는 울 언니 국수가게라고 말하고 싶은,
염치없는 희망 한 번 꿈꾸고 싶네.
해지니네 국수집, 가을 국화꽃으로 핀 수자 언니가 따뜻한
국수를 척척 말고 있네.

천리향

허공에 뿌리 두어야 사는 걸 알면서도
왜 가느냐 묻지 않았네.
꽁꽁 언 땅 쉽사리 삽질 받아들이지 않았지만
그러나 소리 내지 못한 소리 들었던 것인데.

틈 보이더니 너무 쉽게 땅을 떨쳐냈었지.

더 나은 인연이라는 낮은 목소리 변명도 아랑곳없이
파헤쳐진 구덩이 안,
저것도 저항이라고 마저 따르지 못한 실뿌리 몇.

잔뜩 움켜쥐고 있던 발톱을 풀고
제 몸 핏줄 털어 꽃잎 자꾸 떨어트리는,
지독한 향기가 무섭다.

모든 것 밤새 비우며 깊은 상처 다스리는
뜨거운 꽃잎.

허공에 새 뿌리 내리는 소리
가까스로 듣고 있네.

그 날

똥기저귀 갈아드리고 마당으로 나오던 그 날처럼
하얀 자두꽃 장렬히 하강하고 있다.

두 잎씩 포개져 마구 떨어지는데,
그것들의 잔치 방해할까 봐
꽃잎 가는 길 비켜주는데,

흐린 눈이 바라보는 서로의 영혼이 닿는 곳은 어딜까.
대답 따위는 아랑곳없이
뜨거운 똥꽃 두 해나 밀어 올리더니,
한꺼번에 피어 천리만리 하늘길에 닿았던,

그 날, 나는 자두꽃잎 길 비켜주듯 전속력으로
눈물도 없이 깊은 도랑을 팠었는데,

가지 끝에 간신히 매달린 하얀 자두꽃 몇 잎,
이제야 눈물이 나다니, 그 날이 아프다니,

달팽이

달팽이 그림자 어스름 그늘에 숨었다.

꾸물꾸물 배춧잎
숭숭숭 구멍.

파문으로 차오르는
혼곤의 안개.

입막음으로 주는 며칠의 말미는
환기통 흔들어 대는 바람으로 돌아오고.

달팽이 한 마리
제 세상으로 나오는
생은 망설임이 없다.

첫눈처럼

네거리였는데
허공에서 하얗게 내리는 첫눈과 딱 마주쳤어.
떠나야 한다며 가을이 미적거리고 있었는데
노란 은행잎 손에 쥐고
어서 가라고 인사 하다 들킨 우리는
한 번쯤 계절의 숙명을 부인하고 싶었지만
늘 그랬던 것처럼 갈팡질팡했어.
오던 길 하얗게 덮고
가야 할 길도 하얗게 덮고
첫눈은 머뭇거리는 운명을 하얗게 덮었어.
가지 말아야 할 길 따위가 없는
막 태어난 네거리, 첫길, 첫눈.

선인장과 민들레

선인장 곁에 민들레가 둥지를 틀었다.
가만가만 입을 맞추는 봄밤에
도란도란 소리가 고인다.
잠 깨어 운명을 피워 올리는 떨림
이제야 눈치를 챈다.
멋쩍어 무심히 곁눈질한다.
갑작스레 세 들어와 낯설은 선인장을 위해
민들레는 딱 한 송이 살꽃을 피운다.
선인장은 묵묵히 비켜서며 몸을 틀고서
온몸으로 핀 노란 꽃 받쳐 들고 있다.
저들이 뿜어내는 열꽃
내 안에 들어온다.

배롱나무

잘 늙은 배롱나무 손바닥으로 만지니 좋아요.
여름날 피웠던 빛깔 더 이상 붉지 않아
향기는 가고 마른 꽃잎 흔적만 남았어요.
수고했다 오래오래 칭찬하고 어루만지니
잎마저 멀리 보내려는 곧은 생
때로는 숙연히 바라볼 줄 알아야 하네.
남은 손으로 가슴 쓰다듬어요. 치료가 필요한 나의 병
아무도 눈치 채지 못하는 것 같아요.
나무의 마음에도 길이 있어
악착같던 이파리 마침내 그 길 따라 보내고 있네요.
내게도 누가 수고했다며
햇살처럼 따뜻한 손바닥 내어주면 좋겠어요.

가을 천관산

하얀 억새가 위대한 햇살처럼 반짝일 거야.
그뿐이 아니야, 바람과 함께 드러눕고 일어설 거야.
그러면 나는 까닭도 없이 궁금해.
그 옛날 누가 저 산 아랫도리를 바다 깊숙이 묻어두었을까.
아니면 빠뜨린 걸까.
사십만 평 흰 구름이 내려앉은 듯 저 폭신한 물결의 움직임
겹겹의 낮고 하얀 꿈
나의 귀는 그 고요한 소리를 기억해.
찬바람 슬슬 가을을 밀어내도
당당하게 눈 부릅뜨고 그 곳에 버티고 있을 나의 천관산.

태기네 고추밭

빈 고추밭에서 고추 따는 흉내를 낸다. 지독한 가뭄을 겪고 모종값 겨우 거둔 태기가 그래도 땡글땡글 여물다고 새까맣게 웃는다. 저 녀석 모자라는 놈도 아닌데 귀농 삼년 째 제자리 농사짓고 있다.

책에서 시킨 대로 했는디 영 수확이 그렇소. 고추밭에 고추나무가 반 잡풀이 반 유기농은 원래 이리 하는 건디요. 우리가 묵은 것보다 벌레가 더 많이 묵어 뿌렀소. 아무나 많이 묵었으면 됐지 뭐, 안 그렇소? 근디 올해도 누이한테는 아무것도 못 주것소. 어짜까?

혼자서 잘도 씨부렁대는, 태기네 빈 고추밭.

바람의 비밀

바람은 예약된 시간보다 훨씬 빨리 세차게 왔어. 그걸 미리 몰랐던 나는 바람이 오는 소리가 궁금했지. 참, 나는 바람쯤은 아무것도 아닌 체 했고, 매의 발톱처럼 바람의 눈은 급하게 달려왔어.

이렇게 말했지, 어느 세상을 돌다가 거친 운명으로 올 수밖에 없는 깊은 어둠을 아느냐. 누구나 반짝이는 빛이길 바라지만, 그 틈에 서길 원하지만, 어둠은 단단한 그물을 만들어 날개를 꼭꼭 가둬버린다. 물에 잠긴 바람은 울음을 참으며 또, 말했어.

사랑했지, 혀에 가시가 박혀 예전에는 못한 말이야.

용주리에 기대기

무작정 찾아간 작은 어촌에서 닐을 던졌지, 차르르르 6월의 바다로 빨려 들어가는 닐. 뜨거운 오후는 목과 팔뚝으로 떨어져 어제 있었던 기분 나쁜 기억처럼 껄끄러웠어. 멸치배가 출항을 하려는지 선창이 왁자지껄하고, 낯선 이방인을 경계하는 검게 그을린 눈동자들. 겨우 입질 시작 했는데, 소란함이 귀에 쟁쟁거려. 불현듯 얼굴이 벌개졌어. 마을 어귀를 돌아 나오는 꼿꼿한 청년들이 쓰레기는 꼭 챙겨가쇼 하더라구.

나의 물고기 잡기는 더디어지고 또 더디어지다가 영 소식이 감감했지. 가게에서 소주를 마시던 늙수레한 사내가 박카스 툭하니 건내며 쯧쯧, 지금은 때가 아니여, 하더군. 물때도 모르고 무작정 덤벼든 미혹한 종족이 바로 나였지. 얼결에 받아든 박카스 한 병, 차가움이 팔뚝과 목으로 올라와 그 선창에서 얼어붙었어. 나는 이 작은 어촌에 잠시 머물다 갈 이방인, 더 많이 서운한 쪽은 토박이었을지도 몰라.

외등이 켜질 때까지 참았던 숨을 길게 내쉬었어. 이 때다, 망설이지 않고 힘차게 닐을 던져. 처음 뜨는 저 별 기어코 낚고 말겠어.

사랑, 멀고 아득하다

당신이 바다로 가는 길을 알고 있을 거라고 생각했어. 점점이 박힌 수많은 섬 잇는 길 따라 당신이 바다로 가는 길 알 거라 생각했어.

찻물이 끓기 전에, 물풀나무가 바람에 흔들리기 전에, 아니 해가 지기 전에, 당신이 흙먼지 뽀얀 길 따라 어느새 내 어깨 감싸고 이 길로 올 것이라고 믿었어.

붉은 해가 산꼭대기에 걸치고, 그냥 지기 아쉬워 붉게 머뭇거리는 와온 마을.

당신은 금방이라도 올 것이고 바람은 가끔 물풀나무 스치는데, 일몰이 갯벌로 빨려 들어갔어. 당신을 기다리는 끝은 괴롭지만 어둠이 깊어 가는 마을에 당신 곧 올 텐데.

한 나절, 또 한 나절, 하지만 당신 너무 먼 곳에 있나봐. 천리 밖 참으로 아득하지.

옛날 국밥집에서

눈 내리는 괴목 옛시장입니다.
훤하게 내리는 눈발 속에
늙은 목련나무가 처연히 서 있네요.
목련의 발 아래
장터가 길게 드러누워 또 다른 길로 연결하는
길을 따라 와 순대국밥 한 그릇 뜨겁게 받습니다.
잘못 온 길일까, 그냥 돌아갈까,
갈팡질팡하는 마음 들켰나요.
늙은 나무 당당히 두 손을 모으네요.
흰 눈 받아 빈자리 꽃수 놓네요.
봄을 의심하는 이는 나뿐이었나 봅니다.
허공에 떠 있는 꽃수를 벌컥 삼킵니다.
뜨겁게 받아먹고 드러누워 저녁과 마주 합니다.
서서히 식어가는 순대국밥 한 그릇,
참 고요합니다.

오늘은 눈이 멀어

오늘은 눈이 멀어 심장소리 콩닥콩닥 듣고 싶은 날이야.
정말로 싸울 생각은 아니에요.
그냥 싸움이란 두 글자 써 놓고 노려보고만 있을 뿐.

공평하단 말을 좋아하고 객관적이란 말을 자주 사용하지만,
나는 정말 객관적이란 말의 안쪽에 자리 잡은
모두를 사랑한다든지 좋은 쪽으로 생각한다든지,
매일 그냥 좋은 게 좋은 거라는 말들은
뻔뻔한 가면이라는 생각을 했어요.

누구의 발길질도 예상하지 못한
글쎄 아직 벙글지 못한 목련인데,
내 앞에 툭하니 떨어져 부끄러워하는 그 꽃
한참을 두고 본 하루,
객관적이란 말의 안쪽을 꾸역꾸역 토해내고 싶네요.

내가 길에서 누구와 싸우는 걸 우연히 보신다면

당신은 잠시 순간 눈멀어 객관적이지 말아요.
그저 내 편이 있는 어스름한 봄밤을 꿈꾸는 시간이에요.

붉다

해를 좇아서 간 돌산도의 흙은 이미 붉다.

붉은 길 더듬어 정교한 오후의 우두, 평사, 신복, 붉다.

같은 자리에서 같은 곳을 향하는 바다,
어쩌면 처음부터 해는 저편의 꿈
바다와 내가 함께 붉어지는 시간이다.

앞발 모두고 앉아 생각해 보면 붉은 것은 다 그리움 같아서
사방이 붉은 적막이다.

금봉을 지나 율림, 계동, 다시 우두, 부러 먼 길 돌아서 온다.
붉은 끝자락 투두둑 털어내지만
섬은 더욱 붉게 따라 온다.

정원, 4월의 꿈

—이존립 화가 작업실에서

벚나무 아래 누워 달빛 훔쳐보면
흰 코끼리 한 마리 걸어 나온다.

가늘게 눈을 뜨고 조금만 그리워하자
커다란 엉덩이 어기적거리는 은빛 벚나무.

너울너울 저 은빛 서글픔,
몸 위로 흩어진다.

| 제2부 |

뱀딸기 꽃숲에서

울울창창 열리는 문이 있다

다솔사에 일주문이 없다는 거 알고 바깥으로 향하는 둥근 문을 생각했소. 삼나무 향기는 눈에 보이지 않지만 나는 향기의 길을 더듬어 그 문을 연다오.

천도제를 올리는 사람은 눈 먼 물고기처럼 멈춘 시간 속에서 웅크리고, 나는 뿌리가 들려진 어린 삼나무였기에 부처가 내준 자리 빌려 지친 영혼 잠시 쉬고 있을 뿐이오. 우리는 위로할 수 있을 만큼의 거리를 두고 만나는 사람들이잖소.

배롱나무는 백일 동안 피운 생 아름다이 털어낼 줄 안다는 말을 들은 적 있다오. 부처꽃이란 또 하나 이름으로 그늘조차 붉게 누운 날을 본적 있다오. 꽉 쥐었던 주먹 펼쳐서 얼키설키 복잡한 손바닥길 간 적 있다오.

뿌리를 올곧게 내리려면 상처 몇 개는 아무렇지 않은 듯 건너야 하는 거라오. 내 주먹 안 깊숙이 묻혀있던 주름 잡힌 생 두드리지 않아도 울울창창 열리는 문 있어, 투명한 인사로 깨어나 맘껏 들어오는 한 세상을 꿈꾸기도 한다오.

뱀딸기 꽃숲에서

옛날 영웅의 손에 죽은 뱀이 있었다.
헤라클레스 요람에서 죽어가던 그 뱀의 후예가
꽃줄이 얽힌 화사한 꽃대궁 친친 감고 올라가,
불같은 뱀딸기 한 입에 꿀꺽 삼키고
슬픈 눈이 되었다.

비좁은 내장 탓에 다시 내뱉을 수도 없는 운명
몸 안에서 꿈틀꿈틀 오랜 시간 대항하는 동안
뱀딸기는 더욱 빠른 속도로 붉은 숲을 이루고
잘 여문 씨앗들 훌훌 털고 있다.

뱀이여, 똬리 틀고 있는 뱀이여,
전율하며 보다 강렬한 독기를 품어
차갑고 냉철한 아가리를 쳐들어라.

발도 날개도 없는 유연함으로 꽃숲에 사라지는 아, 뱀이다.

슬픈 재산

하필 그 사람 꽃피는 봄날에 누웠을까.
소주 한 잔 털어 넣고
가난한 그가 남기고 간 슬픈 재산에 대해 묻는다.
빈 소주잔 꽉 움켜쥐던 나이보다 늙은 그의 손등
죽음이 이토록 쉬운 것이었을까. 하염없이 꽃들이 피고
그렇게 가난했던 그 사람은
슬픔이 모두에게 공동분배 되는 곳에 서 있는가.
우리는 함께 술을 마신다.
어차피 가야할 길이라지만 스스로 등져야만 했냐고,
쉰 목소리로 묻는 술잔들이 탁, 탁, 탁,
얼마나 더 부딪쳐야
가파른 곳에 피는 꽃도 꽃답게 생을 마칠 수 있을까.
창 밖 아직 환하여 아무도 생 마친 봄꽃 하나 보지 못하고,
그것도 운명이라면 마지막 술 한 잔 하고
꽃답게 가시게.
차마 웃지 못하는 낮에 나온 하현달.

한 잎의 생애

늙은 사과나무는 부처의 등 뒤에 앉았다.
먼 곳에서 온 먼지와 바람을 거둬 이렇게 흰 꽃잎 피우셨다.
내 불안을 뚫고 한 잎 내리시는 저 노인의 미소
가끔은 그렇듯이 못 본체 눈 감으신다.
팽팽한 내 신경줄에 앉은 내가
사과꽃을 닮았다니 낯이 뜨겁다.

상처 없는 생이 어디 있겠냐며 흰 꽃잎 자꾸 놓치신다.
꽃잎 쌓인 늙은 나무의 발등,
바람이 불면 그냥 흔들리고 남은 살점 몇 알의 공양이라니.
너무 잔인한 거 아니냐,
고래고래 소리 지르는 동안 흰 꽃잎 다 지고.

내 발등에 평정이라는 말 한 잎 올리신다.
부석사 마당에 방어벽을 허문
작은 짐승 되어 슬쩍 사과나무 등 뒤에 앉아본다.
늙은 나무의 허리는 꼿꼿하였구나.

마른 뺨을 비비며 투항의 몸짓을 알리자
부처도 나무도 그냥 웃으신다.

무위사無爲寺

이제는 옛날이라고 말하지만 아픈 너를 기억해 본다.
잘 여문 배추가 튼실히 입구 지키는 저 배추밭에는
흰 눈이 제 집인 양 소복소복 쌓이고,
눈 헤치고 나온 민들레 아슬아슬 네 발끝 비켜가기도 했지.
네가 좋아하던 토마토가 둥그렇게 익어가던 때였다.

천불전 앞까지 걸어가던 별처럼 빛나는 기억
겨울 봄 여름이 지나가고,
다시 겨울 봄 여름이 지나가고 이상하다, 아름다운 풍경들
애기 단풍 뚝뚝 떨어져 소복히 쌓이는 천불전 앞
부처도 뛰쳐나와 붉은 단풍과 놀고 있다.
뒤안 시누대 사이로 힘겨운 생들이 잠시 머무는 순간,

단풍이 된 부처가 남은 생 흔들며 노래한다, 와글와글.
먼 곳의 사람도 더 이상은 슬프지 않다, 와글와글.

더는 아프지 않아 나의 간섭이 필요 없는 너를 여기에 둔다.

옥녀를 위한 노래

천 년을 닫고 있던 하늘 아랫길 옥녀봉에서 직포리로 간다. 인간과 맺은 정 깊어 선녀임을 잊고자 했던 팔뚝 굵어 고기 잘 잡는 사내 그녀의 사랑이여, 물질 마치고 돌아갈 곳 사내가 오기까지 포구 허름한 집에서 찰칵찰칵 기다림이 기쁜 그녀 베틀에 앉았어라. 한 벌 옷감이라도 다 짤 때까지 옥황상제여 기다려주오. 손끝 터지고, 베틀 위로 붉은 선혈 떨어져도 어여 짜자, 동트기 전에 어여 짜자, 씨줄 날줄 찰칵찰칵, 그녀는 선녀이고 사내는 인간인 것을 어쩌나. 노하신 옥황상제 말씀하셨네. 베틀을 멈추고 날카로운 비명을 찢어 우학리 산 103번지에 뿌리거라. 아아, 모든 게 거짓말 옥녀봉 바위가 선녀인가, 다시랑 바위가 사내인가, 그러나 그 때 침묵이란 말도 삼켜버린 바다, 옥녀봉 자락에 감국 몇 송이 꺾어 찬골 내려오는데 내 손에서 다시 피는 이 꽃, 어쩌면 그녀의 찢겨진 황금 비단 한 자락 슬픈 향수로 노랗게 뭉친 치맛자락. 그녀 발목 잡았던 필생의 한 틈에서 나 오래 울었네. 무릎 꿇어 치맛자락 거침없이 벗어 바치나니 옥황상제여, 이제 그만 하늘 길 열어주오.

늙은 배롱나무

중심이라 믿었던 팽팽한 줄을 놓친다.
힘껏 당기다가 놓친 줄 자국 손바닥에 선명하다.
사방으로 흩어져 있는 줄에 발 걸려 기우뚱거리는데
유리창 너머로 기우뚱 바라보시는 늙은 배롱나무
기우뚱기우뚱 웃으신다. 반질반질 윤나게 웃으신다.
날카로운 고양이 발톱으로 세상을 엿보면서
얽혀 옴짝 못해 몇 자락 햇살로 주저앉은 나를
기우뚱 웃으시며 발그레 내려다 보신다.
이 쪽 허공에서 저 쪽 허공으로 줄 던지는
저 굽은 등의 자유로운 줄타기,
기우뚱하게 비틀어진 것도 평화로울 수 있구나.
깊은 물관 타고 우주가 기우뚱거리며 올라온다.

눈곱

늙은 그녀의 눈에 늙은 눈곱이 끼었다.
한 줌 재로 돌아온 아들이 목 메인 밥상을 내밀게 한다.

햇살 한 가닥 바람 한 자락조차도 더 이상 머무르지 않는
밥상 위에서 그녀의 생이 풍장 되고 있다.

보이지 않은 하늘 위에 새로운 집 한 채 짓고 있다.
그리움 파닥이며 찾아가 마른 등 굽어 툭, 꺾이는 소리
고단한 눈곱 쏟으며 비명조차 새나오지 않는 버거운 하루.

깊고 어두운 허공 향해 건조한 육체로 누운
그녀의 눈이 길의 경계를 허물고 있다.

상처

책상 밑으로 화장품 뚜껑이 굴러 간다.
얼굴을 바닥에 대고 엎드려 팔 쭉 뻗어본다.
하얀 뚜껑 눈앞에 보이는데 팔이 너무 짧다.
하얗게 오돌거리는 만지고 싶은 저 돌기.

작고 어두운 세상에 얼굴을 들이 민다.
햇살 한 줌 없는 한 평도 안 된 그 곳에
손사래 치며 뒤로 물러서는 어린 내가 있다.
어서 나오렴, 그 안은 너무 우울해
습한 냄새 속으로 자꾸만 빨려 들어가는
어둠이라 생각했던 이 안은 아주 아늑해.

앞으로 옆으로 자리를 옮겨 잡으려다
책상 다리에 무릎을 찍었다.
화장품 뚜껑을 집어 들고 남은 왼손으로
바지를 걷어 올려보니 벌겋게 달아오른 상처
이렇게 또 다른 상처 하나 찾아든다.

슬픔을 먹는 사내

어떤 남자가 한 척 남은 멸치배를 팔아도 빚이 남는다며
묻지도 않은 말을 간판 없는 국밥집 주인여자에게 던진다.
그들이 오래 전부터 알고 지내온 사이인 게 분명한 것은
여자도 묻지 않고 국밥과 소주 한 병을 내왔기 때문이다.
국밥이 너무 뜨거워, 깍두기는 왜 이리 커,
세상이 너무 뜨거워 만만한 게 하나도 없다는 투덜쟁이
에그, 뜨거우면 후후 불고 크면 잘라 먹으면 되겠네.
둔탁한 가위로 깍두기를 잘라주는 여자
더 말해도 위안이 되지 않겠다 싶은지 입을 다무는데
침묵을 지켜보는 게 저리도 힘겨울 수 있구나.
왼손 오른손 힘을 주고 자르는데
아뿔싸, 남자 흰 옷에 꽂힌 붉은 깍두기 국물
이런 씨펄, 이젠 깍두기도 날 무시하네.
어디로 가야할지 길 잃은 남자의 수저질
바싹 마른 입술 달싹거리다가 국밥 그릇으로 툭 떨어지는
소금 한 덩어리.

경계

오래도록 무심했던 내 발목 한의사가 내려다 본다.
아침에 처음으로 발을 디딜 때 발바닥이 아프죠.
(어쩌면 나의 전생은 육지로 올라온 무모한 물고기다.)
근육과 근육 사이에 염증이 생겼어요.
(은빛 비늘 모두 털어내고 다리가 되었으니 당연하다.
발뒤꿈치 한 가운데는 아픕니다.

나의 지나간 꿈과 견고한 현실 사이에 아픔이 자리 잡는다. 거꾸로 누워 꼼짝하지 않고 침이 자리 잡는 곳으로 시선이 돌아왔을 때에 목이 메어온다. 한 걸음 한 걸음 양쪽 다리 경계점마다 고단했던 시간들 힘겹게 꽂힌다.

언젠가는 미끈해진 두 다리로 헤엄칠 것이다. 아픔이 거꾸로 누운 후에야 아픔을 벗어난다.

물풀나무에게 바침

노란 꽃핀을 꽂은 사랑요양병원 할머니가 밥상을 받고서 하는 말이 와, 고기다. 밥숟가락에 생선살 발라 한 입 떠먹이는 할아버지 하는 말이 괴기다. 스무살 새색시 목소리로 아이, 아니야 고기. 한 입 더 떠먹이고 장난스레 웃는 할아버지 괴기, 꽃들이 마구 피어 사랑하는 봄이다.

한 올인 듯 휘감기는 물풀나무이면 좋겠다. 운명의 눈 하나 밝히면 눈 멀어도 심장 두근거리며 살아갈 수 있을 것이다. 개울 건너는 돌 위에서 잠시 쉬어가는 법을 배운다. 장대비 내리는 날에도 개울물에 온몸이 잠겨도 서두르지 않고 길 건너는 법을 배운다. 꽃 환하게 핀 날 그들이 부르던 노래로 몸을 쉬고 정박하지 못한 밤에는 용서의 잔도 미리 준비한다.

나 이미 물풀이니 멀리 도망가지 못할 것이다. 빈 틈 많은 몸 물살 따라 길게 눕는다. 출렁출렁 꽃송이 떨어지는 봄밤, 뿌리를 더 길게 내리면 환해지는 법이다.

모과

둥근 숨을 토해낸다.
상처 제 이름에 지고 햇살 쪽으로 뛰쳐 오르는
노랗게 변해버린 심장 한 토막이다.

생은 반듯한 손등만 내보이고
손금은 손바닥 안에 철저히 가려두었다.

팽팽했던 심장을 허공에 풍덩 던지더라도
바람보다 더 부드럽게 흩어진다

오래 기다려 몸 날리는 게 삶의 방어라면
울퉁불퉁 굳어버린 심장 미움이 사라질 때까지 기다린다.

날이 가고 부릅뜬 하루가 가고,
울음도 웃음을 닮아 보이지 않는 그 곳 받아들이면
손바닥 열려 빗겨간 길 둥근 이름으로 선다.

호박 한 덩이

굴러들어온 호박 한 덩이 덥썩 받은 지 일 년,
누렇게 데굴데굴 굴러 내게로 온 녀석 방치하다가
이제야 바라본다.
죽이라도 쑤자고 들어 올리는데
아뿔싸, 반 쯤 벌어진 밑둥에서 기다림이 무작정 쏟아진다.
쏟아져 내린 호박 속 오글오글 벌레가 기생하고 있는데
내 욕심도 오글오글 함께 기생하고 있었구나.
아, 저렇게 움츠리고 애써 살고 있었구나.
나도 모르게 손 뻗어 기다림 길었던 씨앗을 거둔다.
딸려오는 벌레를 툭 털어내는데 왠지 울컥하다.
벌레와 내가 눈이라도 마주칠까봐
슬며시 흙으로 덮어주며 내 욕심도 덮어지거라.
이제야 깨어나는 호박 한 덩이
버려야할 것을 버린 호박과 나 가벼워진다.

목숨

말라가는 뿌리에 물을 준다.
작은 화분에 갇혀 사방의 벽 더듬었을
푸르렀던 기억이 앙상하게 쌓여있다.
혈관 깊이 쌓여있던 혈전을 드러내듯
구석구석을 거둬낸다.
먼지들도 오래 견디다보면 서로 기대어
견고한 틀 짜는가보다.
가벼이 보이지만 엉겨 붙어 자리 잡아가는 것들
이쯤에서 비로소 견딘다는 말에 귀 기울인다.
먼 길에서 돌아와 아픈 뿔 꼿꼿하게 세운다.
익숙했던 양발의 평행 깨고
새로운 기억이 생길 자리 마련하는 일은 두렵다.
불안 깊어질수록 걸레질 허공 떠돌고
그럴수록 긴긴밤 한서리가 울컥 창 안으로 들어온다.
마른 흙에서 살아가는 민달팽이도 환하게 피었다.
한 계절 따라가는 꽃도 서로가 돌아갈 곳은 다르지만
살다보면 이렇게 섞이기도 하는 것.

물을 줘도 건조함 쉬이 촉촉해지지 않지만
마른 가지가 훅~ 입김 넣는 것 본다.
물기 찾아 떠나는 모든 것, 어서 가거라.

쉬운 사랑

그를 보내고
튼튼한 꽃기린 선인장 하나 키웠습니다 .
때 맞춰 물주지 않아도 되는
내 게으름에 알맞은 사랑이라 생각했습니다.
눈물보다 적은 슬픔 누렇게 허물어지더니
조랑조랑 붙어있던 팥알꽃, 툭,
툭, 떨어지는 아침입니다.
알고 보니 사랑도 알맞은 햇빛
때맞춰 물주기가 필요한 식물인가 봅니다.
가시만 덜렁 남아 신음하는 사랑
햇살 드는 안으로 자리 옮겨줍니다.
쌀쌀해지는 가을 아침
내가 보듬어 주어야할 게 생겼습니다.

조개잡이

빈 망태 들고 길게 펼쳐진 개펄로 나간다네. 일에만 열중하려해도 종아리는 늘 예고 없이 푹푹 빠지고, 이게 다 간밤에도 들어오지 않은 뭉둥이 서방 때문이네. 울화가 치미는데 눈치 없는 옆집 여편네 한마디 더 거들기 일쑤 간밤에 좋았는가, 어찌 물질이 이리 더디는가, 조개가 참 실하네. 오늘은 실한 조개 한 바구니씩 챙겨가서 해장국 시원하게 끓여주세. 조개를 가져가도 쳐 묵을 서방은 소식이 없네. 손바닥만 한 섬 소문은 연줄 걸치듯 이 집 저 집 걸쳤을 텐데, 망할 놈의 여편네 말 잘하는 주둥이 좀 보게나. 저 주둥이 꽉 다물면 열리지 않는 조개 닮으면 좋겠네. 가끔씩 펴는 허리 못살게 뻐근하네. 망태는 아직 채워지지도 않았는데 며칠째 오지 않는 서방보다 바다가 먼저 들어와 버린 섬, 오도가도 못하게 뱃시간도 끊겼다네.

사막의 꽃

열병을 앓은 후로 내 안의 바람이 달라지고 있어.
심장 쪽 더워지는 바람
낮 동안 모든 걸 태워버릴 듯 뜨거웠다가
밤에는 꽁꽁 얼기를 반복해.
결국 부서져 모래가 되는 아침엔
허술히 날아간 것은 궁금해 하지 않으리.

대신 그 몸에서 물 얻는 법 알게 되는
나는 북아메리카 선인장이야.

오래 울어 목이 발갛게 부어오르면
그때마다 큰 잎 떨어뜨려 강한 가시가 되는 거야.
더 가혹한 바이러스가 침범하기 전에
재빨리 자라고 재빨리 꽃 피워야 해.
이것 봐, 덜덜 떨지만 잘 적응하고 있는 나를 봐.
바람의 흐름에 꿈틀꿈틀
그런데 대체 우기는 언제 오는 걸까.

꽃 찾기

이 귀한 게 어디서 왔을꼬.
마당 한 쪽에 피었던 딱 한 송이 양귀비
잘 말려 꽃대와 씨앗 한지에 곱게 싸서
아무도 모르게 단단히 숨겨 두었는데,
장롱 안이며 다락이며 이잡듯이 찾아도
이 귀한 게 어디로 갔을꼬.

울음꽃

오동도, 도둑을 피해 절벽으로 몸을 날린 어부의 아내가 동백꽃으로 돌아와 깜깜한 밤 작은 섬을 밝히고 있다.

돌아와 빈 섬에 홀로 남을 지아비를 위해 죽어서도 죽지 못하고 붉은 등불꽃 밝히고 있다.

낯선 집, 낯선 섬, 낯선 바다, 몰래 그리운 사람, 애타게 밀려와 하얗게 부서지는 뭉클한 울음꽃.

넘어져도 일어서지 않고 그냥 그대로 누워있다. 절망도 지칠 때가 있나보다.

| 제3부 |

곰팡이꽃

물기 마른 건어는 꿈을 꾼다

내가 따라가지 못할 당신 생에는 방 하나 있으면 좋겠습니다. 새벽까지 무심히 털어낸 별이 창가에 가득 엉겨있어 멈춘 세월처럼 있어 한 사발쯤 떠내어 흐르게 할 수도 있을 그 방. 먼지가 풀풀 거리는 책을 읽다가 잠들어도 마당가 떨어지는 비는 좋아서 마른 지느러미를 흔들어 깨우고.

당신에게 꽃나무 한 그루 선물할 게요. 떨어진 꽃잎 돌돌 말아 나무 아래 가지런히 꽃길 만들어요. 따라가지 못할 길 새로이 만드는 사이 당신 목소리라도 등 뒤에서 느낄 수 있다면, 따스한 온기도 훅 들어와 비늘이라도 떨어지면 좋겠어요.

가끔 세월이 지루하여 바람도 일지 않고 꽃잎조차 떨어지지 않을 때에는 스스로 바람을 일으켜 허공을 가르네요. 별 한 사발씩 간절히 떠내다 보면 오랜 수형을 벗어 살점이라도 돋을까요. 한 사흘쯤 당신이 장대비로 찾아와 누렇게 시든 꽃길 위로 생긴 물길 열린다면, 나 한 마리 반짝이는 물고기로 그 방에 갈 수 있을까요.

꽃술

어머니 당신이 꽃술 담그던 그 날처럼
진달래꽃 따러 장수리에 갔어요.
무심히 꽃잎 따는데 햇살 바다 위에 반짝이고
진달래꽃 흐드러지게 마주 앉아
왜 그 바닷가에 갔는지 잊었지요.
꽃잎 켜켜이 설탕 재워
넉 달 동안 돌아보지도 말아야 한다기에
여름이 다가도록 또 잊었지요.
설탕에 재워진 달큰한 꽃잎
꽃잎을 먹었는지 꽃잎에 절여진 술을 먹었는지
유년의 달밤도 이토록 푸르렀을까요.
꽃잎 한 송이 한 송이
꽃향기 날 때까지 꽃술 마시는데
바다가 붉게 꽃잎에 앉았어요.
봄날 장수리 바닷가 꽃 따러가고 싶어
밤새 뒤척이다 목 아프고 열이 나면
당신이 다녀간 흔적이라 생각할까요.

천 원짜리 두 장

길에서 아하, 천 원짜리 두 장을 만났다.
누구 주머니에서 꼬깃꼬깃 접혀 있다가
내 발끝으로 굴러 왔는지 뜻밖의 횡재가 낯설다.
사람들은 그냥 지나간다.
핸드폰을 하고 시계를 자꾸 보고
약속시간 늦었는지 뛰어가는 사람들 중에
나만 한가하여 횡재 앞에 잠시 서 있어 본다.
이 거리에서 불쑥 내게 온 인연은
다른 어떤 이와는 더 이상 인연이 아니었을까.
그 자리에 서서 한참을 기다려 봐도
너무 멀리 간 인연은 돌아오지 않을 것 같다.
나도 한 때는 멀리 가버린 인연일 때도 있었기에
내게 도착한 천 원짜리 두 장의 인연을
공손히 맞이하기로 한다.

가는 봄날

밤새 잠을 설쳤더니 두 눈이 빠알갛네요.
당신이 이기기 위한 먼 길 떠났다는 소식에
어둠 속에 눕힌 몸 가만히 움직여 보는데,
슬픔이 한 잎으로 와서
함께 눕자 하네요.

어쩌면 지나가는 풍문이 아닐까 해보지만
참 막막하네요.
나쁜 누가 건드렸는지 허리가 툭, 꺾인
당신께 묻고 싶네요.
너무 슬퍼하지 마라 했지만
목청껏 울어도 될까요.
남아있는 나의 작은 용기는
깜깜한 벽을 향해 욕설을 뱉는 것입니다.

오월에 사랑하는 이를 잃은 이가 많은 이 땅*
또 하나의 봄꽃

숭얼숭얼 처연하게 지고 있네요.
하지만 사랑하는 당신
꽃이 진다고 나무가 죽은 건 아니겠지요.
더 크고 곧은 나무가 되는 거지요.
천 년의 희망 더 붉게 피어나고
가장 아름다운 사랑하는 당신,
그 때 먼 길 돌아 다시 오겠지요.

* 도종환의 「오월 편지」 중에서.

아버지와 흰 밥

잘 봐요 아버지, 세상엔 신기한 거 투성이에요.

연속극을 보았어요. 가난한 아버지는 어린 딸을 버렸고 버림받았던 딸은 다시 아버지를 버렸고, 서로에게 버림 받았던 두 사람은 국밥 한 그릇에 30년 세월을 용서했어요.

하지만 아버지, 다 용서하고 잊었다는데 저는 왜 믿어지지 않을까요. 잡곡밥이 지저분해 보여서 보리밥 든 저녁 밥상에 자주 부재중이던 아버지, 그런 날이면 당신만의 별을 찾아 날 새도록 닦고 닦아 흰 밥으로 하얀 날에 오셨나요.

흰 밥을 먹으면 유년이 풍요하다고 생각하길 바라시지만 밤마다 조금씩 구멍 키우던 어머니의 심장 훔쳐본 그 해 가을, 백일장 주제어였던 '아버지'는 얼마나 멀리 있는 단어일까 생각했죠.

주인공 딸은 아버지께 물었어요. 아버지와 자식이 손잡고 걸어가는 모습 보면 정말 이해가 안 갔어요. 얼마나 친하면 손잡고 걸을 수 있을까요, 아버지! 아직도 저는 묻지 못 하네요. 얼마나 친하면 흰 밥이 아닌 딸의 시를 아버지가 읽어볼 수 있을까요.

지난 세월을 국밥 한 그릇 속에 어찌 다 말 수 있겠냐고 하지만, 나도 아버지를 닮아 흰 밥이 좋아졌기 때문일까요. 밤새 장맛비 내리는데 글쎄, 아버지의 마당이 걱정 되네요.

겨울나무처럼

다음날 아침, 잎 모두 떨어뜨리는 겨울나무가 된다.
집안에 조화는 안 좋다는 말 믿음이 가서는 아니지만
날마다 불면 준비하는 어리석음 이제 멈춰야 했다.
저 노란 꽃의 경계로 날아간 그를 거두듯
조화를 하나씩 내리는데, 곳곳에 똬리를 틀고 있는
생기 잃고 갈 곳도 없는 몹쓸 미련들,
그 사람 떠난 후에도 날아오는 우편물과 쓸모없어진 여권,
은빛 포장지와 한꺼번에 뭉쳐져 우는 푸른 기억까지 모두 묻어야지.
잊어야할 나머지 무게는 또 얼마나 되는가.
훅, 달아오르는 온몸
가끔씩 버리면서 잊으면서 살아갈 것을
이제야 빈 손 벌리고 땅속 깊이 맨발 내린다.
살기 위해 온전히 다 버린 나무처럼
옆구리쯤에서 푸르게 아리는, 깨어나는 겨울눈.

먹태, 장사 지내다

황태가 되지 못한 먹태 한 마리 살짝 두드렸어요.
신문지 세 겹으로 깔고 먹태 등줄기는 바다로 향해야 해요.
소주병으로 찧기 시작해요. 콩콩콩, 날이 너무 풀려서
색깔 검게 된 먹태의 꿈은 정말 황태였을까요.
쿵쿵쿵, 벌려진 입가가 찢어지네요.
목숨 걸고 동해로 몰려온
당당한 지느러미는 있기나 했던가요.
몸이 두 배로 부풀어 오르고
머리와 뼈 발라 살들만 가지런히 늘어놓고 보니
어쩌면 세상에서 가장 깨끗한 죽음, 사람의 생도
누군가의 뜨거운 한 사발 국이 될 수 있을까요 .
홀랑 벗은 인생
은빛 비늘을 흔들고 있어요.

반성

감이 뾰족하게 잘도 자란다.
두 해 내리 열매 맺지 못하고 그냥 잎만 무성했던 감나무다.
저놈의 밑둥 싹둑 잘라버려야지 안달했는데
둥근 초록 앞에 참으로 무색하다.
늘 반 박자 빠르게 가슴 철렁이며 성급했던 나를
그냥 안 본 듯 기다릴 수는 없었느냐,
고요하게 꾸짖는 소리를 엮으니 한 바구니다.
부끄러움이 움찔한다.

문주란

뿌리가 허옇게 들어난 곳을 이제야 다독인다.
얽히고설킨 뿌리가 땅 밑 물기를 세차게 잡아당겨
화들짝 하얀 꽃대를 밀었다.
제 몫도 못할 풀쯤이라 단정하고 먼저 등 돌렸는데
잎 사이로 오른 꽃대에서 기다림을 엿본다.
묵은 습관처럼 고개를 떨구기만 했다면
이렇게 또렷한 꽃 피워 올렸겠는가.
밝은 곳으로 애써 고개 내밀어 순 틔웠으리라.
저 햇살 닿는 곳이 수백 번 스쳐간 자리일지라도
나 오늘은 처음인 듯 황홀한 향기에 가슴 두근거린다.

슬픈 식사

그녀를 마지막으로 보고 온 날 입맛이 변했다네.
서른여섯 한창 나이의 그녀 도솔천 넘었는데
영혼도 육체도 마저 다 가져가지 못하고
뜨거운 무엇 숨겨두었는지, 목관 속에서 홀로 무거운 그녀
내 새끼, 내 강아지, 하늘에서 만나려면 나도 서둘러야지.
그녀도 어미에겐 강아지 새끼였고
그 강아지에겐 어린 새끼 강아지 두 마리가 있었다네.
그녀의 두근거리던 사랑과 꽃처럼 흩어지던 웃음소리
바둥바둥 살아온 어두운 그늘까지 다 빠져나간 그날,
돌아오는 길에 일행 따라 보신탕집으로 갔네.
내 강아지 새끼라는 말이 아직 귓가에서 아우성을 치는데
살아있어 한 끼 채워야하는 식사가
하필이면 푹 끓인 보신탕,
제 할일 다 못 끝내고 서둘러 간 젊은 개와,
남아서 가슴 뜯는 늙은 개와,
영문 모르고 마지막 절 올리던 새끼 강아지를 기억하고
그녀가 떠나면서 주고 간 눈물 맺힌 '내 강아지 새끼'를

두 손 가득 받아들었네.

그렁그렁 울음소리 문턱을 넘어가고 있었네.

또 다른 풍장

둥글던 묘는 서서히 형태를 잃어가고 있었다.
서툰 곡괭이질 눈치 챘는지 일손을 돕는 옆으로
툭, 툭, 떨어지는 동백꽃.
산그늘은 잊었던 시간처럼 스르르 다가와서
꽃 무덤 위로 낮게낮게 내리고,
서둘러야지, 맘먹은 것처럼 만만치 않은 곡괭이
짙어오는 하늘 한 귀퉁이를 쾅쾅 찍어댔다.
영영 돌아오지 않을 물결 건너
몇 번씩 제 발등을 찍어대는
나는 자꾸만 낯설게 튕겨나가는 곡괭이었다.
푸른 손 들어 두려워 마라 다독이는 바다
견고했던 살 다 버리고 세상 안으로 잠시 돌아온
당신은 가지런히 떨어진 동백꽃 위로 걷혔다.
느그 어머니가 참 고왔는디 뼈까지 곱게 남으셨구나.
더 좋은 곳으로 모시고 가는 거라고 언능 말씀 올려라.
햇살 받고 바람을 영접하라는 속삭임은 낯선 꿈이다.
단지 속으로 또 다시 가벼이 가는 당신과

뜨거웠던 제 몸 스스로 열어 가벼워지는 저 꽃,
그렇게 가고 그렇게 보내고
끝내 못한 말 그. 립. 다. 는 아득한 빛깔만 남았다.

늙은 감나무와의 사랑

가사리 들판 한 입 베어 먹고 싶은 날이 있다.
늙은 감나무는 감꽃 몇 개 매달아 놓고
가을 내내 감 익는 소리만
둑길 지나 가막만으로 흘려보냈다.
사랑은 그렇게 시작하는가,
늙은 감나무와 처음 눈을 맞추고
그를 껴안아 주고 온 밤
멀리서 누구의 가슴 뛰는 소리 들었다.

그 밤, 붉은 감은 더욱 붉어지고
붉은 잎은 더욱 붉어졌으리.
감나무 아래 웅크리고 앉아 한나절을 보내고
잘 익은 감 몇 개 얻어 집으로 가는 길,
가을걷이 끝난 들판으로
저녁 해가 맨발로 걸어왔다.

나 언제 허리 굽혀 누군가를

사랑한 적 있었던가.

발가락 사이로 흘러가던
그 가사리 물길 속으로
늙은 감나무는 마지막 감을 툭 놓아 보내고,
내 속에는 착한 시가 뚝뚝
감처럼 익는다.

아침이야

아직은 어두웠어.
산통 깊은 바다는 하얀 칼날을 갈고 있었지.

멀리 가버린 것들과 새로 오는 것들을
정해진 생인 듯 기다리는 사이,
한 꺼풀 밀려가는 어둠과 아프게 다가오는
내게는 부재중이던 물길.

그가 바람으로 돌아오기 전에
나는 바다 위로 날아 가장 빛나는 새벽별 하나 따고 싶었어.
익숙한 날갯짓은 금오산 동백꽃처럼 강렬하지.

산통은 길었지만 해는 빠르게 가벼워져 훌쩍 떠나고 있어.
산도 제 안에 긴 봄을 키웠지만
한 번의 격렬함으로 말끔히 보내고 뿌리는 늘 젖어있지.

해를 보내고 바다는 한동안 얼얼했어.

붉은 하열을 한 산도 곳곳이 얼얼했지.
이제야 찾아간 나의 두 다리도 얼얼했어.

기다림은 오래도록 갈은 칼을
칼집에 정갈히 꽂는 일인지도 몰라.
모두가 고요했어, 아침이야.

개구리밥을 본다

뿌리를 내려도 땅에 닿지 않는다.
바람이 불어도 뒤집어지지 않는
손톱만한 잎으로 둥둥 떠다니는 운명.

당신이 떠난 더운 여름날
굳이 꼿꼿이 서 있을 필요 없다는 걸 몰랐었던
종아리에 경련이 일어난다.

그러나 잎처럼 보이는 저것이 사실은 잎도 아니고
꽃을 피우고 새 엽상체 만드는
줄기이면서 잎인 땅에 닿지 못할 뿌리여.

누가 알맞은 바람과 햇빛을 보냈을까,
여름을 덮은 한 잎으로 일렁이는
간밤에도 딴딴해진 슬픈 장딴지.

오월

붉은 꽃으로 다시 피어나는 건 뿌리부터 다르게 내려야하는 일.

꽃을 내 안에 들여놓은 이후
견딜 수 없이 조급한 건 꽃이 아니라 나,
몇 겹의 생을 앙다물고 있던 입술
일순간 바스락 흩어지면
한 가닥 물줄기도 그처럼 흩어지는 건 아닌지.

아픔도 익숙할 수 있다는 사실을
꽃은 알고 있었던 걸까.
내가 본 것은 바람의 손
손 놓으면 아무 일 없던 것처럼
떨어진 꽃에 기대어 기도라도 할 수 있을까.

한 번만 더 아플 거라서 눈 크게 뜨고 뚫어지게 바라본다.
먼 길 가는 봄.

곰팡이꽃

사흘 내리 오는 비는
메마른 땅을 적시기에 이미 충분해.
이런 날은 조심하려 해도 책상이
곧잘 엉덩이에 걸려들고
분위기가 흐트러지는 건 무거운 공기 탓이야.
새로운 불안전 기포가 둥지를 틀어
엽록체도 없이 스스로 양분을 만들어
다른 생물에 기생하여 번지는 번식률
수분을 없애고 온도를 낮춰도
결국 손을 드는 일은 너무 간단해.
잘 발달된 미세한 균사는 철저한 방어벽을 치고
그래, 내가 지고 말겠어.
산소 없이 살아갈 수도 있는
끈질긴 절대 발효성들아!

어머니

어떤 길은 쉽사리 떠날 수 있지만 다시는 돌아올 수 없다는 걸 알겠습니다.

한 줌 그리움 흰빛으로 솟아도 먼 길 보이지 않네요.

풀벌레와 산새 소리 그윽하고 마음만 끌려가 자주 돌아보게 합니다.

신발

오늘처럼 길 가다가 똥을 밟은 적이 있어요. 엄마가 사주신 새 신발 밑으로 누런 똥이 끈적하게 삐져나오데요. 길에 돈이라도 떨어졌느냐, 반짝이는 햇빛 안으로 고개 치켜들어라, 아가야.

빛나는 햇살 안에서 산 신발은 몇 켤레나 될까요. 가지런히 정리해둔 내 발 크기에 알맞은 신발들이 은밀한 똥냄새를 앓고 있네요. 정말 고개를 치켜들지 않아서일까요. 속수무책으로 돌아온 날, 새 신발을 또 사야할지 애매하네요.

자운영

명색만 장미과이다.
장미처럼 화려하지도 않고
장미처럼 향기롭지도 않은 게
꽃자루 끝에 조랑조랑 매달렸다.
줄기 뻗어 땅바닥 붙잡고 사는 두해살이 풀이다
제 이름조차 잊어야 비로소 녹비가 되는 생.

밖엔 비, 안엔 달

시간이 깊을수록 달이 차오르는 술집 하나 있으면 좋겠다.
마른 나무 냄새 사이로 빗방울 하나씩 떨어지고
젖어가는 사람들 사이에 나도 젖어 가지만,
빛나던 꿈이 고스란히 남아 있으면 좋겠다고
악을 써댈수록 후각조차 잃어버릴까 두려워
고개를 몇 번씩 갸우뚱거리며 뒤돌아보지만,
익숙하게 또 잊고 습관처럼 지우지만
반복적으로 다시 한 발짝 물러서는 우리지만,
이쯤에서 묻어야 할 건 묻고
하강한 우리의 별이 다시 빛나길 위하여 건배,
밖엔 비, 안에는 달이 차오르는 술집 하나 있으면 좋겠다.

| 제4부 |

가막만의 봄

연잎의 나라

한때 대관림이라 불렸지만 상림만 남았다.
구름 한 점 머물지 않는다
두 번 다시 질펀한 펄에서 살지 않겠다고
뿌리를 뚫고 나온 녹색 연잎 물 위에 솟아 있다.

비대한 불면 사방으로 뻗은 천 년
꽃 하나 피고 지는 게 쉬운 거였다면
깊은 밤 적막 따위 두렵지 않았다.
새벽아 어서 오너라.
운명에 목매지는 않겠지만 향기에 취해
잠깐, 고운님 오셨나.

홍련 백련 우우 피었다 사라져도
죽은 것은 아니라고
가보지 않은 이천 년쯤 서둘러 데려 와
연밥머리에 꼭꼭 숨어있던 연씨 푸른 눈 뜨게 하려는가,
꽃 질 때마다.

견디다

오른쪽 다리에 힘을 실어 산을 오른다. 필요한 자리 곳곳에 햇살이 스며든다. 뜻밖에 빛 받은 왼쪽 다리도 구석구석 혈관 타고 투명해질 수 있을까. 무릎이 묵직해진다.

어쩌면 그 것도 인연이야. 옷깃에 스친 바람 붙잡을 때 있었던 날처럼 아픈 다리에 퍼런 멍보다 햇살 먼저 내려오는 걸 인연이라고 나만 붙잡고 있는 시간, 돌계단을 만나니 오른쪽 다리마저 힘들어 자꾸만 발끝이 걸린다.

나와 산이 한데 섞여 반쯤 흔들리는 그늘진 자리에서 먼저 앞서는 마음 다독여 왼쪽 다리 끝에 붙들어 놓는다. 정맥에서 푸른 그늘 무더기로 피어나도 아프지 않을 팽팽한 생이 있다면 잠시 머뭇거려도 햇살에 기대어 견딜 수 있겠다.

이별하는 섬

바람의 사슬은
구릉지를 넘어 북단 여자마을에 불안으로 앉을 뿐
주인 잃은 낡은 어구의 풍어는 허락하지 않았다.
천적을 만나 놀란 흰 뿔말처럼
마른 바닥, 탁 차고 겅충 뛰어올라
적에게 맹렬히 저항하는 쉭-쉭 거친 파도소리.
곳곳에, 유전을 밀어내려고 바람이 먼저 온 여자도는
무성한 흰 갈기 드러내는 가혹한 바다를 바라보고
저녁이면 고립의 세월로 거슬러 올라가
그토록 참았던 야반도주를 생각하지만,
첫 별이 뜨기도 전에 길 잃어 헤엄쳐 나오지 못하는
생의 중심을 원하지만 윤곽만 배회했던 허술한 슬픔
드디어 바다는 갈기를 눕히고 부드러운 혓바닥 펼치는데
섬은 스스로 멀어지기에
중독된 걸 진즉에 알았던 것이 분명하다.

그믐 반달

하화도에 다시 올라요?
그믐날, 그 날 고동도 잡고 맘대로 다 잡아도 돼요.

보름이 지나고 그 남자 자갈도래에 선다.

다시 여드레가 지나면
밤 열두시 동쪽 그리운 방향에서 뜨고,
해 뜰 무렵이면 남쪽 하늘에 동쪽 절반만 보이는
한 쪽으로만 바라보는 그 남자의 반 접힌 몸이다.

봄이 다시 오고, 곳곳에 동백꽃 진달래꽃 피고 져도,
그 남자 기다림 늙지도 않고 지는 꽃잎 몇 장
밀물 드는 물속으로 잠기는 바위섬에 숨어
그 여자 따뜻한 감각이 있는 바깥세상 엿보는데,

남은 이레
저 먼 뭍 더듬더듬 찾아가고 싶어도

그 여자 혹여 알아보지 못하면 어쩌나,
봄꽃 하염없이 내리는 사이 배는 섬을 빠져나가고.

끝끝내 미련한, 깻넘고개에 반 접힌 그 남자.

밥타령

자정 넘은 시간 배가 고프다.
어둠 속에 빨간 불꽃 켜고 있는 밥통 열어보니 비어있다.
습관처럼 빈껍데기에 불 지피고 살고 있었던 걸까.
비어있는 시커먼 밥통 보니 억울하다.

커다란 봉투 안에 사흘 분 약이 남아있다.
비지 않은 위장 속에 무언가 밀어 넣고 나면 그제야 안심.
버리지 못하는 것도 습관일 텐데
옆으로 비슷하게 넘어진 낯익은 삶 반듯하게 세운다.

아무래도 약봉투 치워야 한다는 빨간 두려움이 발동한다.
아무데나 벗어던진 압박 스타킹 집어 든다.
혈관에 피가 고이지 않게 신어야 하는 일이 아직 힘겨운
나의 양식은 매일 뜨거운 압박으로 만들어진 고봉밥.
한밤중 나는 뜨거운 밥을 고봉으로 먹고 싶다.

사랑에 서툴다

홍매화 한 그루 집 안에 들여 놓은 후로 안달이다.
꽃 진지 여러 날, 밤이고 낮이고 들여다봐도
도대체 열매가 나오려하지 않는다.
좀 더 오래도록 지켜봐야 하는 걸까.

눈 감고 오래 전에 가버린 꽃을 기억한다.
가버린 것도 남은 것도 알고 보면 모두 쓸쓸한 것을
하지만 늦은 봄날의 기다림이란 얼마나 달콤한 말인가.

또 여러 날의 기다림을 처마 끝에 매달았다.
나는 오래오래 기다렸다고 하지만
덜 자란 것을 아직 어린 나무임을 알고 참으로 멋쩍다.

나는 다시 일 년을 가만히 들여다 볼 것이다.
분홍 꽃을 나는 믿는다.
가버린 것은 기다리지 않고 새로 올 것을 기다린다.
그 앞에 웅크리고 앉아 기다린다.

가막만의 봄

가막만에 낡은 집 한 채 짓고 정어리 떼 들어오는 소리 듣고 싶다. 과거와 미래의 처마가 작은 마을, 잊고 지내왔던 추억이 이곳에 발길 내리고 있을 것이다. 냉잇국 푹푹 끓이고 싱싱한 낙지도 한 마리 올라오는 저녁에는 오래되어 삐걱대는 나무난로를 깨워 밤을 지샌다. 잠깐씩 졸다가도 창밖 새벽 동 트는 소리가 어디까지 왔는지 귀를 세운다. 선창가 외등이 꺼져도 별이 많아 무섭지 않아 돌산, 개도, 송소, 평사, 경도, 화양으로 정어리들 시계방향, 반시계 방향, 아니 제 맘대로 달려와 바다 가득 차오르는 새벽을, 잘 늙은 한 그루 나무로 기다릴 수 있으면 좋겠다.

가벼워지는 법

임진강 제철 맞은 참게 통발마다 풍년 소식에
식탐증 걸려 섬진강변 잘 보이는 밥집 찾는다.
참게탕 시켜두고 볕 맑은 강 나는 불청객이다.

주홍빛 알 수북한 참게탕 보드라운 속살 발라먹고
국물까지 욕심껏 먹고도 허기가 진다.
강물 거슬러 거침없이 헤엄치고 와
집게발로 꽉 깨무는 참게, 깜짝이야.

강은 속 다 뒤집고 밑바닥 드러내어
은어, 쏘가리, 메기, 작은 새우 다 퍼주고 있다.
지나가는 바람도 잡아준다 강가의 풀까지 건네준다.

밤새 비 내리고 아침이 오고 다시 강물 넘쳐
아 저 가벼운 것들, 명치끝을 치고 간다.
모조리 토해낸다. 한결 가볍다.

공사중

팻말을 미처 보지 못했다.
얼결에 펄쩍 뛰어 건너다가
주머니에서 빠져나온 동전 몇 개,
하수구로 또르르 굴러 간다.
걷다보면 한 눈 팔다 웅덩이에 빠지고
비켜서다 엉덩이가 걸리는 게 다반사
동전 몇 개 잃은 게 뭐 대수인가
오늘은 이만하니 다행이다.

늦은 장미

늦은 오후다 붉지만 힘겨운 여자가 왔다.
등은 풀썩거리고 입술은 향기롭지 않다.
제 안에 가시 품어 흘린 피를 보라 한다.

눈길을 피해 먼 산 본체만체 하지만
귓속에서 윙윙거리다 떠는 서러움에 뭉클
오월, 여자의 계절은 이미 지나갔다.

흔들흔들
떠나는 한 잎 한 잎,
봄의 끈을 놓는다.

운주사 와불

운주사에 가면서 이번엔 와불과 맘먹고 담판을 지어야지 했다. 별 하나 없는 세상에서 더 이상 엉덩이를 걷어 채이지 않아야지. 세상만사 돌고 도는 것이라지만 이제는 당신도 고단한 소리에 귀 좀 기울이라고 가슴에 맺힌 멍울 보여주리라 했다.

가지도 오지도 못하는가. 교묘하게 거부된 세상이다. 악마의 달콤한 유혹과 차가운 휘파람 소리. 그래 아무래도 좋다고 치자. 헐벗은 영혼 짓밟지만 않았어도 당신을 찾아가 따지고 들지는 않았을 거다.

기껏 눈 먼 집 한 채 지어보자는데, 한 번만 딱 한 번만, 편 한 번 들어주라는데, 뭐 그리 큰 욕심이라고 팽개쳐 버린다. 벌떡 일어나 널부러진 세상 어떻게 돌아가는지 눈 부릅뜨고 단단히 보시라.

천 년을 살아 용이 되는 길을 버리고 제 꼬리 스스로 물어서 새 삶을 길러내는 씁쓸한 뱀의 뒷모습. 와불이여, 이제 그만 일어나 손을 내밀어 주시오. 좋은 세상은 어디에도 없다 의심하는 견고한 내 무식에 호통이라도 치시오.

단단히 으름장을 놓고 다시 악착같이 산다.

눈 내리는 아침

열려진 방문 사이로 하얀 눈과 눈을 닮은 늙은 그녀를 본다.

저 안에 진짜 사람이 있다며?

TV 인형극 보다가 두 번 세 번 소리친다 청력을 잃은 후로는 목소리가 더 커졌다 못 믿는다. 신기해 한다.

저 안에 진짜 사람이 있다며?

머릿속까지 몽땅 하얀 그녀가 방문을 닫는다.
방문 꼭꼭 닫아걸어도 이미 피어버린 백발눈
마당에 숨어있던 낙엽도 하얗게 덜미를 잡힌다.

도둑고양이

양지쪽으로 웅크리는 이름 없는 고양이
허리 낮게 낮추고 나오는 길목을 본다.
컨테이너 밑에서 기어 나오는 야윈 몸
멀리서 지켜보기만 해도 눈빛 번뜩이고
불안하여 두 번 세 번 뒤돌아보는 녀석,
노란 얼룩무늬 새끼들 옹글옹글하리라는 상상
몸을 숨긴 쪽으로 생선 토막 하나 올려둔다.

라현에게

아이야, 네 자전거 바퀴가 참으로 잘 돌아 가던 봄날이었어.
꼭꼭 숨어있던 한 가닥 꽃샘이 자전거 바퀴 따라 풀어지지.
라일락 꽃향기 마구 흩날리는데 내게 갑자기 물었지.
꽃잎은 왜 떨어져요?

너는 어느새 저만치 달려가고 꽃잎은 계속 떨어졌어.
그것도 희망이라고 늦은 대답 하지 않아도 자전거 바퀴는 잘도 돌아가지.
남아있는 꽃들 와르르 쏟아져도 가는 봄이 아쉽지 않았어.
내 안에 핀 꽃 한 송이, 오래오래 감사해.

무술목을 떠난 봄바람

홀로된 어멈이 갯가로 나가 여직 안 들어온다.
노인은 기다랗게 고개를 빼고 바다를 바라본다.
바다는 점점 가깝게 다가오고
좁은 길 따라 유채꽃으로 노랗게 앉아있는 노파
만조 시간은 깊어지고 어멈이 아직 오지 않았다.
헛기침이 꽃 진 자리로 파고들고 기다림만 저물고 있다.

봄으로의 동경

눈이 쏟아진다.
한 겨울에도 눈이 오지 않는
남쪽 도시 3월에 하얀 눈이 가득 내린다.
꽃구경 가자고 스카프를 샀는데 흰 눈이 쏟아진다.
친구는 눈 좀 봐라 때도 모르고 염병할 눈이
속을 팍팍 쑤신다고 문자를 보낸다.
3월에 내리는 눈이 뭐 그리 화가 날 일이냐,
봄꽃에 대한 안스러움 화사한 스카프
옷깃을 여미며 젊은 날의 두근거림이 그립다.
하늘은 낮고 무거워 주저앉을 것 같은데
나는 햇살 속으로 뛰쳐나갈 준비를 끝낸다.

잊혀진 시간, 선소에서

막걸리집 의자에 앉았다.
이쯤이면 썰물 빠져나가는 모습 한눈에 볼 수 있으리라.
세검정지 칼 가는 소리 둥둥 떠올라
돌벅수 어깨에 앉아 저녁 보초 서는 시간,
지난 생 가름하는 큰 나뭇잎 정결히 쌓이는 시간,
사백여 년의 침묵 젓가락으로 휘돌려 깨운다.
막걸리사발에서 저벅저벅 걸어 나오는 이
가만히 지켜보니 시커먼 아궁이에 불이 붙고
풀무간은 활활 타오른다.
천지를 메우던 충무공
굴강에 묶여 있던 거북선 타고 바다로 다시 나갔는가.
가슴에 시퍼런 칼 품은 물결 어디로 가서 잠들었나.
오래된 요새 전함의 귀환 꿈꾸는 선소.

벚꽃

별들이 작은 강마을로 내려오고 있다.
쌍계사 십리길에 새하얗게 쏟아진다.
이미 그들의 잔치를 연 것이다.

별은 곧 살며시 돌아설 것이고
그러면 강은 또 몇 날을 뒤척일까.

별이 가는 길 몰라 기다릴까 말까 망설이다가
그리워하는 마음 죄다 들여다 보이는
강의 눈빛 밟고 있다.

|해설|

허공에 뿌리 내리는 '떨림'의 시학

— 최향란의 시세계

고명철 | 문학평론가, 광운대 국문과 교수

뿌리를 대지에 내리지 못하는 존재는 얼마나 불안할까. 어딘가로 마음껏 뻗어야 하는데, 무슨 이유에서인지 그렇지 못한 운명을 타고난 그 무엇은 도대체 어떤 뿌리를 지니고 있을까. 최향란의 시집을 읽는 내내 나를 따라다닌 물음이다. 뭐랄까……. 그의 시집 곳곳에 흩어져 있는 뿌리와 관련한 심상들은 대지에 착근한 데서부터 뻗어나오는 그것이 아니라 대지에 떠다니는, 다시 말해 허공을 부유浮游하고 물살에 떠밀려 자연스레 흐르는 심상과 연관돼 있다.

허공에 뿌리 두어야 사는 걸 알면서도
왜 가느냐 묻지 않았네

―「천리향」 부분

뿌리를 내려도 땅에 닿지 않는다
바람이 불어도 뒤집어지지 않는
손톱만한 잎으로 둥둥 떠다니는 운명

―「개구리밥을 본다」 부분

나, 이미 물풀이니 멀리 도망가지 못할 것이다 빈 틈 많은 몸 물살 따라 길게 눕는다

―「물풀나무에게 바침」 부분

"허공에 뿌리 두어야 사는 걸" 아는, "손톱만한 잎으로 둥둥 떠다니는 운명"을 지닌 "이미 물풀"로서 "물살 따라 길게 눕는" 것이 최향란 시인의 거역할 수 없는 뿌리의 생이다. 때문에 시인은 당황스럽다. 뿌리가 아예 없으면 모를까. 시인에게 뿌리는 부재하는 게 아니라 부유하는 뿌리의 속성을 지니고 있으므로 뿌리와 한몸을 지닌 시인 역시 어딘가로 흐른다. 이것이 바로 최향란 시인의 시적 운명이다.

그렇다면, 무엇이 시인으로 하여금 이런 가혹한 시적 운명을 감내하도록 할까.

> 뿌리를 올곧게 내리려면 상처 몇 개는 아무렇지 않은 듯 건너야 하는 거라오 내 주먹 안 깊숙이 묻혀있던 주름 잡힌 생, 두드리지 않아도 울울창창 열리는 문 있어 투명한 인사로 깨어나 맘껏 들어오는 한 세상을 꿈꾸기도 한다오
>
> —「울울창창 열리는 문이 있다」 부분

뿌리를 대지에 온전히 내리기 위해서는 "상처 몇 개는 아무렇지 않은 듯 건너야 하는" 것인데, 시인에게 이 건너기는 생각만큼 결코 쉽지 않다. 무엇보다 상처의 아픔을 시인이 감당할 수 있어야 하고, 특히 상처를 치유할 수 있는 누군가의 도움이 절실한, "치료가 필요한 나의 병/아무도 눈치 채지 못하는 것 같아"(「배롱나무」) 상처의 환부는 더욱 썩어들어갈 뿐이다. 이 세상 그 누구도 시인의 내밀한 상처에 관심이 없다. 하여, 시인은 스스로 용기를 낸다. 상처가 도사리고 있는 어둠의 세계를 들여다보기로.

> 작고 어두운 세상에 얼굴을 들이 민다
> 햇살 한 줌 없는 한 평도 안 된 그 곳에
> 손사래 치며 뒤로 물러서는 어린 내가 있다
> 어서 나오렴 그 안은 너무 우울해
> 습한 냄새 속으로 자꾸만 빨려 들어가는
> 어둠이라 생각했던 이 안은 아주 아늑해

앞으로 옆으로 자리를 옮겨 잡으려다
책상 다리에 무릎을 찍었다
화장품 뚜껑을 집어 들고 남은 왼손으로
바지를 걷어 올려보니 벌겋게 달아오른 상처
이렇게 또 다른 상처 하나 찾아든다

—「상처」 부분

최향란 시인은 그의 내밀한 상처가 숨어 있는 "작고 어두운 세상에 얼굴을 들이"밀고 그 어둠 속 깊은 곳에 우울히 자리하고 있는 "어린 내"를 마주한다. 책상 밑으로 들어간 "화장품 뚜껑을" 찾으려다가 무심결 그동안 망각하고 있던 상처투성이인 또 다른 '나'를 만난다. 마치 엘리스를 이상한 나라로 유혹한 토끼처럼 화장품 뚜껑은 '나'를 어린 시절의 그때, 그곳으로 데려간다. 그곳은 '나'에게 분명 낯익은 곳이되, 무언지 모르지만, 이상야릇한 불협화음으로 이뤄진 "위태로운 상상"(「관문동 파꽃의 기억」)의 유혹이 배회하는 곳이다.

하지만 아버지, 다 용서하고 잊었다는데 저는 왜 믿어지지 않을까요 잡곡밥이 지저분해 보여서 보리밥 든 저녁 밥상에 자주 부재중이던 아버지. 그런 날이면 당신만의 별을 찾아 날새도록 닦고 닦아 흰 밥으로 하얀 날에 오셨나요

—「아버지와 흰 밥」 부분

어머니 당신이 꽃술 담그던 그 날처럼
진달래꽃 따러 장수리에 갔어요
무심히 꽃잎 따는데 햇살 바다 위에 반짝이고
진달래꽃 흐드러지게 마주 앉아
왜 그 바닷가에 갔는지 잊었지요
꽃잎 켜켜이 설탕 재워
넉 달 동안 돌아보지도 말아야 한다기에
여름이 다가도록 또 잊었지요
설탕에 재워진 달큰한 꽃잎
꽃잎을 먹었는지 꽃잎에 절여진 술을 먹었는지
유년의 달밤도 이토록 푸르렀을까요
꽃잎 한 송이 한 송이
꽃향기 날 때까지 꽃술 마시는데
바다가 붉게 꽃잎에 앉았어요
봄날 장수리 바닷가 꽃 따러가고 싶어
밤새 뒤척이다 목 아프고 열이 나면
당신이 다녀간 흔적이라 생각할까요
―「꽃술」 전문

아버지와 어머니는 '나'의 과거 세계에 대한 불협화음을 이루는 짝패로서 기능을 하고 있다. '나'는 어떤 사연인지 모르지만, 아버지를 "다 용서하고 잊었다는데" "왜 믿어지지 않"는지, "부재중이던 아버지"를 향한 불신의 상처가 덧난다. '나'와 아버지는 좀처럼 불화의 심리적 거리를 좁히기 힘든 관계로 여전히 남아 있다. 하지만 '나'와 어머니는 "설탕에 재워진 달큰한 꽃잎/꽃잎을 먹었는지 꽃잎에 절여진 술을 먹었는지" 식별이 안 될 정도로 "꽃술"에 흠뻑 취한 채 서로 동일시된 심적 상태를 보여준다. 최향란의 이번 시집에서 유달리 시적 화자인 '나'의 어머니를 향한 곡진한 심정은 아버지의 부재와 연관된 뿌리가 부유하는 심상과 결코 무관하지 않다. 집안의 가장으로서 흔들리지 않는 튼실한 뿌리의 몫을 다 해야함에도 불구하고 그의 뿌리는 "어느 세상을 돌다가 거친 운명으로 올 수밖에 없는 깊은 어둠"(「바람의 비밀」)에 떠다닐 뿐이다. 하여, 시인에게 아버지의 부재는 이 땅의 어둠 속을 정처 없이 배회하며 견디는 소외의 삶으로 그려지고 있다.

어떤 남자가 한 척 남은 멸치배를 팔아도 빚이 남는다며
묻지도 않은 말을 간판 없는 국밥집 주인여자에게 던진다
그들이 오래 전부터 알고 지내온 사이인 게 분명한 것은
여자도 묻지 않고 국밥과 소주 한 병을 내왔기 때문이다
국밥이 너무 뜨거워 깍두기는 왜 이리 커
세상이 너무 뜨거워 만만한 게 하나도 없다는 투덜쟁이
에그, 뜨거우면 후후 불고 크면 잘라 먹으면 되겠네

둔탁한 가위로 깍두기를 잘라주는 여자
더 말해도 위안이 되지 않겠다 싶은지 입을 다무는데
침묵을 지켜보는 게 저리도 힘겨울 수 있구나
왼손 오른손 힘을 주고 자르는데
아뿔싸, 남자 흰 옷에 꽂힌 붉은 깍두기 국물
이런 씨펄, 이젠 깍두기도 날 무시하네
어디로 가야할지 길 잃은 남자의 수저질
바싹 마른 입술 달싹거리다가 국밥 그릇으로 툭 떨어지는
소금 한 덩어리

—「슬픔을 먹는 사내」 전문

"어디로 가야할지 길을 잃은 남자의 수저질"로 "툭 떨어지는/소금 한 덩어리"에 응축된 '슬픔'은 기실 시적 화자인 '나'의 또 다른 슬픔이며 상처라 해도 과언이 아니다. 삶의 방향성을 상실한 어떤 존재의 부재는 강렬한 어떤 그 무엇의 그리움으로 이어지는 바, 이 그리움은 존재의 충일감으로 이어지는 것이며, 결코 어떤 것에 대한 집착으로 이어지지 않는다. 이것은 최향란 시인의 핵심적 심상인 '부유하는 뿌리'가 함의한 시적 진실에 이른다. 다시 강조하건대, '떠돎'으로 정리할 수 있는 시인의 독특한 상상력은 낭만적 정염에 휩싸인 채 아무런 생각 없이 그저 세상을 자유롭게 떠돌아다니는 게 아니라 '나'의 상처와 진실로 만나는 자기 치유의 여정이

면서 '나'의 바깥에 존재하는 타자들을 영접하는 순례와 다를 바 없다.

> 견고했던 살 다 버리고 세상 안으로 잠시 돌아온
> 당신은 가지런히 떨어진 동백꽃 위로 걷혔다
> 느그 어머니가 참 고왔는디 뼈까지 곱게 남으셨구나
> 더 좋은 곳으로 모시고 가는 거라고 언능 말씀 올려라
> 햇살 받고 바람을 영접하라는 속삭임은 낯선 꿈이다
> 단지 속으로 또 다시 가벼이 가는 당신과
> 뜨거웠던 제 몸 스스로 열어 가벼워지는 저 꽃
> 그렇게 가고 그렇게 보내고
> 끝내 못한 말 그. 립. 다. 는 아득한 빛깔만 남았다
>
> —「또 다른 풍장」 부분

> 관심인 체 걱정인 체 자세히 바라보니 아무 일 없다는 듯 가늘게 흔들흔들 그리운 길 분홍꽃신 신고 가신다
>
> —「분홍꽃」 부분

'나'의 어머니의 주검은 다 풍화된 채 가벼울 대로 가벼워졌다. 바람이 조금만 불어와도 어머니의 이승에서 남은 뼛가루들은 이내 공중으로 흩뿌려질 터이다. 그렇게 어머니의 존재는 "가벼워지는 저 꽃"처럼 공중을 떠돌 것이며 '나'에게

는 "끝내 못한 말 그. 립. 다."는 스타카토의 음절과 그 여운이 "아득한 빛깔"로 남을 것이다. 그리고 그 떠도는 그리움은 "가늘게 흔들흔들 그리운 길 분홍꽃 신고" "어머니 무덤 뒤쪽으로 코스모스 꽃 피우"고 있다. 이렇게 그리움의 존재는 한 곳에 붙박이지 않은 채 떠돌아다니고, 언제 그랬냐는 듯, '나'와 영접하기 위한 가벼운 존재로 현현한다. 이것이 바로 최향란 시인이 성찰하고 있는 존재의 시적 진실이다. 그에게 존재란, 그리고 존재를 에워싸고 있는 세계란, 어떤 정해진 고정 불변의 객관적인 것으로 이뤄진 게 결코 아니다.

> 공평하단 말을 좋아하고 객관적이란 말을 자주 사용하지만
> 나는 정말 객관적이란 말의 안쪽에 자리 잡은
> 모두를 사랑한다든지 좋은 쪽으로 생각한다든지
> 매일 그냥 좋은 게 좋은 거라는 말들은
> 뻔뻔한 가면이라는 생각을 했어요
>
> —「오늘은 눈이 멀어」 부분

객관이 얼마나 가증스러운 "뻔뻔한 가면"을 쓰고 있는 것인지에 대한 시인의 통렬한 비판을 엿볼 수 있는 대목이다. 객관에 대한 시인의 부정적 태도는 "객관적이란 말의 안쪽에 자리 잡은" 말 그대로 전혀 객관적이지 않은, 객관의 탈을

쓴 객관의 횡포, 즉 객관주의에 대한 준열한 비판에 다름 아니다. 이것은 존재와 세계를 객관화한다는 미명 아래 물신화하고 마침내 그 비의성을 몰각하는 큰 잘못을 범할 수 있는 데 대한 시적 비판이다. 가령, 다음과 같은 어느 귀농의 넋두리의 사이사이에서 공명共鳴되는 마음은 객관주의가 세상을 살아가는 데 전부가 아니라, 도리어 이러한 객관주의를 감싸안는, 그래서 뭔지 모르게 존재와 세계를 묵직하게 짓누르는 객관주의를 활달히 넘어서는 존재와 세계의 비의성을 해학적으로 보여준다.

> 책에서 시킨 대로 했는디 영 수확이 그렇소. 고추밭에 고추나무가 반 잡풀이 반 유기농은 원래 이리 하는 건디요, 우리가 묵은 것보다 벌레가 더 많이 묵어 뿌렇소. 아무나 많이 묵었으면 됐지 뭐, 안 그렇소? 근디 올해도 누이한테는 아무것도 못 주것소, 어짜까?
>
> —「태기네 고추밭」 부분

"귀농 삼년 째 제자리 농사짓고 있"는 태기네는 영문을 모를 수밖에 없다. 분명, "책에서 시킨 대로 했는"데 어떻게 된 영문인지 "영 수확이" 좋지 않다. 유기농을 하는 태기네는 책의 세계, 즉 객관에 기댔건만, 태기네는 이 객관적 영농에

참패를 당하였다. 하지만 태기네는 객관에 굴복하지 않는다. 비록 유기농 밭작물의 수확은 객관적으로 형편없지만, 밭에서 삶을 지탱하고 있는 벌레에게는 풍요로운 수확이 아닐 수 없다. 태기네의 객관 세계에서는 분명 실패한 농사이지만, 태기네 밭에 살고 있는 벌레의 세계에서는 낙원이나 다를 바 없는 풍요의 현실이 도래한 것이다. 태기네는 이러한 벌레의 세계의 풍요를 해학적으로 인식하는 것을 통해 태기네의 농사짓기와 관련한 모든 것의 비의성을 절로 체득하고 있는 것이다.

사실, 객관의 세계를 꿰뚫어 그 너머의 비의성을 새롭게 발견하는 것이야말로 모든 시인이 간절히 도달하고 싶은 시의 진경眞境이다. 세상의 시인들은 각자의 시적 개성과 시적 탐문을 통해 이 시의 진경을 추구하는 것이다. 우리는 지금까지 최향란 시인의 시편들을 통해 그가 추구하고자 하는 시의 진경의 일단을 살펴보았다. 다시 한 번, '부유하는 뿌리'의 심상들을 생각해보자.

선인장 곁에 민들레가 둥지를 틀었다
가만가만 입을 맞추는 봄밤에
도란도란 소리가 고인다
잠 깨어 운명을 피워 올리는 떨림

이제야 눈치를 챈다
멋쩍어 무심히 곁눈질한다
갑작스레 세 들어와 낯설은 선인장을 위해
민들레는 딱 한 송이 살꽃을 피운다
선인장은 묵묵히 비켜서며 몸을 틀고서
온몸으로 핀 노란 꽃 받쳐 들고 있다.
저들이 뿜어내는 열꽃
내 안에 들어온다

—「선인장과 민들레」 전문

위 시는 선인장과 민들레가 공존하고 있는 매우 흥미로운 정물화를 연상시킨다. 그러면서 고성능의 동영상 카메라를 통해 동서同棲하고 있는 이질적 생명체의 상생의 과정을 고배율의 동영상으로 보여준다. 선인장과 민들레, 이 놀랍고도 신비한 존재의 조화를 보라. 어디선가 날라온 민들레 홀씨가 하필 온몸이 가시투성이인 선인장 곁에 위태롭게 "둥지를" 튼다. 원래 터줏대감 선인장은 가녀릴 대로 가녀린 민들레 홀씨를 박대하지 않고 "묵묵히 비켜서며 몸을 틀고서" "딱 한 송이 살꽃을 피운" 민들레를 "받쳐 들고 있다." 선인장은 민들레의 생명을, 민들레는 선인장의 존재의 터전을 최대한 훼손시키지 않은 채 서로의 세계를 공유하면서 서로의 존재를 온힘으로 보살피며 있는 그대로를 인정한다. 이것은 시인에게 "운명을 피워 올리는 떨림"으로 포착될 뿐만 아니라 그들이 서로의 존재를 휩싸고 돌며 "뿜어내는 열꽃"은 이내 시인의 "안에 들어"와 존재의 비의적 아름다움으로 승화된다.

우리는 여기서 최향란 시인의 시학을 살짝 엿볼 수 있으리라. 그의 시쓰기는 "잠 깨어 운명을 피워 올리는 떨림"으로 메타포화한다고 말할 수 있다. 선인장과 민들레처럼 서로 이질적인 것들이 서로를 밀쳐내지 않고, 서로의 그 귀한 세계를 공유하면서, 서로의 존재를 개시開始하는 긴장과 내밀한 격정이 휩싸고 도는 '떨림'의 내습은, 그의 시쓰기의 중요한 원리다. 이러한 그의 시학을 제대로 이해할 때 그의 시에서 곧잘 보이는 풍경들이 지닌 미의식에 독자 역시 '떨림'을 느끼지 않을 수 없다.

가막만에 낡은 집 한 채 짓고 정어리 떼 들어오는 소리 듣고 싶다 과거와 미래의 처마가 작은 마을, 잊고 지내왔던 추억이 이곳에 발길 내리고 있을 것이다 냉잇국 푹푹 끓이고 싱싱한 낙지도 한 마리 올라오는 저녁에는 오래되어 삐걱대는 나무난로를 깨워 밤을 지샌다 잠깐씩 졸다가도 창밖 새벽 동 트는 소리가 어디까지 왔는지 귀를 세운다 선창가 외등이 꺼져도 별이 많아 무섭지 않아 돌산, 개도, 송소, 평사, 경도, 화양으로 정어리들 시계방향, 반시계 방향, 아니 제 맘대로 달려와 바다

가득 차오르는 새벽을, 잘 늙은 한 그루 나무로 기다릴 수 있으면 좋겠다

—「가막만의 봄」 전문

홀로된 어멈이 갯가로 나가 여직 안 들어온다
노인은 기다랗게 고개를 빼고 바다를 바라본다
바다는 점점 가깝게 다가오고
좁은 길 따라 유채꽃으로 노랗게 앉아있는 노파
만조 시간은 깊어지고 어멈이 아직 오지 않았다
헛기침이 꽃 진 자리로 파고들고 기다림만 저물고 있다

—「무술목을 떠난 봄바람」 전문

여기, 두 개의 풍경화가 있다. 하나는 가막만의 봄 풍경이고, 다른 하나는 무술목의 봄 풍경이 그것이다. 가막만의 봄 풍경에서 특히 주목해야 할 것은 "정어리 떼 들어오는 소리"로부터 연상되는 일련의 "잊고 지내왔던 추억"으로 그려지는 풍경이며, 무술목의 봄 풍경에서는 "갯가로 나가 여직 안 들어온" "홀로된 어멈"을 기다리는 노인의 "헛기침" 사이로 파고드는 애타는 "기다림"의 "만조 시간"의 흐름으로 그려지는 풍경이다. 둘 모두 귀 기울여야 할 것은 특유의 '소리'다. 최향란의 풍경화는 눈으로 보이는 대상을 전경화前景化시키는 화풍이 아니라 그 대상의 사위로부터 들려오는 소리의

풍경을 후경화後景化시키는 개성적 화풍을 지닌다. 시각과 청각의 이 묘한 '떨림'은 "돌산, 개도, 송소, 평사, 경도, 화양"으로 정어리 떼들이 "시계방향, 반시계 방향, 아니 제 맘대로 달려와 바다 가득 차오르는 새벽"의 봄 장관의 역동성으로 현현된다. 가막만의 생생한 봄의 진풍경이 아닐 수 없다. 그런가 하면, "좁은 길 따라 유채꽃으로 노랗게 앉아있는 노파"의 애타게 기다리는 "헛기침이 꽃 진 자리로 파고들"어 과부 신세가 된 며느리(혹은 딸)를 보살피려는 (시)어머니의 모습은 무술목의 정적靜的인 봄의 풍경이다. 이 풍경은 여기에 깃든 기다리는 자의 애틋한 '떨림'이 빚어낸 빼어난 그림이 아닐 수 없다.

이러한 존재와 세계의 떨림을 바탕으로 한 최향란의 시쓰기는 삶의 겸허한 성찰로 이어진다. 황태로서의 가치를 얻지 못한 먹태를 손질하면서 시인은 먹태가 황태 못지 않은 훌륭한 식재료의 몫을 다하고 있다는 소중한 깨우침을 얻는다.

머리와 뼈 발라 살들만 가지런히 늘어놓고 보니
어쩌면 세상에서 가장 깨끗한 죽음, 사람의 생도
누군가의 뜨거운 한 사발 국이 될 수 있을까요
홀랑 벗은 인생
은빛 비늘을 흔들고 있어요

—「먹태, 장사 지내다」 부분

황태나 먹태나 중요한 것은 그 죽음이 "누군가의 뜨거운 한 사발 국"으로 기능함으로써 죽음이 생으로 전도되는 그 비의적 가치이지, 황태와 먹태로 구분되는 그것의 차이에 따른 객관의 가치가 아닌 것이다. 또한 시인은 존재와 세계가 교응하는 우주적 순리를 깨치지 못한 채 늘 부자연스러운 인위적 시간의 흐름에 예속된 자신의 삶의 태도를 준열히 꾸짖는 자기 비판의 시적 윤리에 충실하다. 최향란 시인의 이 같은 성찰은 이후 그의 시가 이번 시집에서 얻은 시적 성취에 안주하는 게 아닌 부단한 시적 갱신으로 이어질 것이다.

감이 뾰족하게 잘도 자란다
두 해 내리 열매 맺지 못하고 그냥 잎만 무성했던 감나무다
저놈의 밑둥 싹둑 잘라버려야지 안달했는데
둥근 초록 앞에 참으로 무색하다
늘 반 박자 빠르게 가슴 철렁이며 성급했던 나를
그냥 안 본 듯 기다릴 수는 없었느냐
고요하게 꾸짖는 소리를 엮으니 한 바구니다
부끄러움이 움찔한다

—「반성」 전문